Nosen gaffi

Hydref   2013.

D1785493

G. Glyn.

TYWOD
A SGLODION

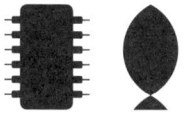

TYWOD
A SGLODION
EURYN OGWEN
WILLIAMS

Gomer

Cyhoeddwyd yn 2012 gan
Wasg Gomer, Llandysul, Ceredigion SA44 4JL

ISBN 978 1 84851 510 9

Dymuna'r cyhoeddwyr gydnabod cymorth
Cyngor Llyfrau Cymru.

Argraffwyd a rhwymwyd yng Nghymru gan
Wasg Gomer, Llandysul, Ceredigion.

I SOFFIA, GABRIEL A JODIE

*gan obeithio y byddan nhw'n cael cyfle
i ddychmygu eu dyfodol*

Cynnwys

9

Rhagair

D WI WEDI mwynhau ysgrifennu penillion ers i mi gofio. Prydydd 'ar alw' ydw i. Dydw i ddim yn gystadleuydd mawr, er i mi wneud hynny'n llwyddiannus ac yn aflwyddiannus dros y blynyddoedd. Ni fûm erioed chwaith mewn swydd lle gallwn ymneilltuo fy hunan i farddoni os byddai'r wawr neu'r machlud yn hawlio ymateb barddonol. Mae'r cerddi yn y gyfrol hon wedi eu hysbrydoli gan bobl a digwyddiadau yn fy milltir sgwâr; cynnyrch bardd gwlad trefol sy'n ymateb i fywyd yn Y Barri.

Cyflwynaf y cerddi i'r darllenydd eu dehongli yn ei ffordd ei hun. Os byddan nhw'n cyffroi emosiwn heb unrhyw esboniad o'r cefndir, mae hynny'n fy nghyffroi innau. Os bydd angen cefndir, ceir y nodiadau perthnasol i'r cerddi yng nghefn y llyfr. Rydw i'n ymwybodol ein bod yn byw mewn cyfnod o chwyldro a newid mawr, ac mae'n anodd canfod unrhyw brofiad sy'n goroesi ac yn aros yn berthnasol o un genhedlaeth i'r llall. I raddau, tŷ ar dywod yw pob un ohonom, a thywod yw deunydd crai'r newid sy'n digwydd o'n cwmpas; heddiw, mae sglodion yn golygu mwy na'r hyn sy'n cael ei werthu mewn caffi ar Ynys Y Barri.

Hoffwn ddiolch yn arbennig i Elinor Wyn Reynolds o Wasg Gomer am fy mherswadio fod gen i ambell gerdd oedd yn werth ei rhannu y tu hwnt i'm cylch cysur. Diolch hefyd i Luned Whelan am ei brwdfrydedd wrth olygu'r gyfrol a rhoi trefn arnaf i a'r cerddi.

11

Diolch mawr hefyd i Jen am fod mor amyneddgar dros yn agos i hanner canrif ac am sicrhau fy mod yn cael y gofod i gyfansoddi pan ddeuai'r alwad.

Diolch hefyd i deulu, ffrindiau a chydnabod sydd wedi deffro unrhyw greadigrwydd oedd ynof dros y blynyddoedd ac wedi ysbrydoli'r cerddi hyn.

Ti'r darllenydd biau'r creadigrwydd bellach.

EURYN OGWEN WILLIAMS
Y Barri
Bro Morgannwg
Haf 2012

Tywod a sglodion

Mae angen cinio o sosej a sglods a ffydd
i adeiladu dau gastell mewn un dydd.
Yn ffodus,
ar yr Ynys,
mae 'na gaffi tip-top
fforc blastig, sôs coch a diod o bop.

A'r bore yma,
dan gyfarwyddyd profiadol Soffia,
dyna'n union wnaeth
Gabriel a Jodie ar y traeth.
Gyda bwced a rhaw roedd ganddyn nhw'r sgiliau
i osod y seiliau
a chodi'r tyrrau.

Wrth gwrs, daeth y llanw
a chwalu'r castell yn ulw,
a dyna paham roedd angen cinio iawn
cyn ailadeiladu yn y prynhawn.

Mae gronynnau tywod yn dal ar eu dwylo,
ond er gwaetha'r difrod, doedd neb yn wylo
am fod pob un
yn chwerthin wrth weld y llun;
mae hwnnw'n barhaol
ar sglodyn cof y camera digidol.

Dyna i chi un o'r pethau hynod
am dywod.

2012

Blwyddyn Newydd Dda

i. Y 1980au

Mae byw yng Nghymru
fel byw mewn hen dŷ.
Digon o farnais ar y coed
i gadw'r waliau ar eu traed
a llond lorri o redi-mics i guddio'r beiau.

Mae angen y cynrhon dan y mat
i gadw'r lle yn dwt, a gwenwyn yn y pibau
i gadw'r dŵr i redeg.

Mae'r rhaff sy'n dal y ffenest yn stiff gan henaint
ac yn bwdr dan y paent;
mae'r crac yn y gwydr
yn sugno'r glaw i mewn.

Ein gwir ddymuniad yw
cael blwyddyn arall
o gysuro'r hen le,
cyn agor y drws
a gadael i'r awyr iach
ddymchwel y cyfan.

1988

ii. Y 2010au

Mae'n anodd maddau i genedl
sydd ofn dychmygu.
Nid oes maddeuant i genedl
a grebachodd ei huchelgais
nes diflannu i droednodyn ei hanes.

Mae'n anodd dathlu cenedl
a sugnodd y maeth o'i breuddwydion.
Mae'n amhosibl dathlu cenedl
a beidiodd greu a throi mêl ei bodolaeth
yn ddiflastod sur.

Iolo annwyl, mae dy angen di ar Gymru nawr.

2011

Dan fy nhraed

Alla' i ddim dringo grisiau'r Senedd
heb deimlo ias a balchder.
Y teimlad o berthyn i rywbeth

sydd yn rhuddin fy mod;
yr ymwybyddiaeth o fod mewn lle
sy'n addas a chartrefol.

Mae troedio'r llechen las
fel crwydro llwybrau plentyndod
dros y mynydd o'r Cwm tua Rhiwfachno
nes cyrraedd yr inclein.

Yno, yn ein Senedd,
mae Penmachno
unwaith eto dan fy nhraed.

2008

Amserau Duw

Gwyddai nad sglein y ffrâm roes werth i'r llun
fu'n gorwedd yn y llwch mewn siop ail-law,
ond cariad ac amynedd yn gytûn
yn gweld athrylith artist dan y baw.

Tramwyodd ddyrys lwybrau teyrnas llên
fel un o'i dinasyddion mwyaf craff,
yn rhannu'r daith ag eraill gyda gwên
gan guddio camp ei ysgolheictod praff.

Ar restr prif rinweddau dynion da
mae gostyngeiddrwydd yno ar y brig,
ar waethaf oes yr ymffrost a'r traha
sy'n rhewi calon ein cymdeithas ddig.

Mor brin yw'r rhai, yng nghanol bwrlwm byw,
sy'n cadw bys ar bwls amserau Duw.

2011

Hadron

Symlrwydd cyn cymhlethdod
yw adnabod
ein byd. Disgyrchiant, atomau – dyna ddigon
i drefn bydysawd Isaac Newton.

Ond wedyn daeth y cwantwm
a herio rheswm,
ac yn y diwedd,
yr allwedd
yw damcaniaeth perthnasedd.

Ond dim ond dechrau yw hyn i gyd
ar ddeall y grymoedd sy'n gyrru'n byd.
Mae harddwch dychrynllyd mewn creu hafaliad
sy'n rhesymoli dirgelion y cread
a gweld bod elfennau'r deunydd crai
o'u dadansoddi'n mynd yn llai ac yn llai.

Nid oes terfyn i'r cyffro
wrth astudio'r gwrthdaro
rhwng y mân ddarnau sy'n gwneud atomau.
Crash! Bang! A daw popeth yn glir –
bydd gwybodaeth newydd yn datgelu'r gwir,
a'r gwyddonydd bellach yn gallu dileu
unrhyw amwysedd am hanes y creu.

Dywedodd y gallai,
efallai.

2011

Paid â chuddio

Paid â chuddio yn dy gornel,
hafan ddiogel rhag y storm,
trin dy ardd a chwilio d'enaid,
gorffwys am mai dyna'r norm.

Er mor werthfawr yw dy ofal
am dy ardd sy'n hardd o hyd,
chwyn y tlodi a'r rhyfeloedd
sy'n difwyno gardd ein byd.

Er mor dda yw chwilio d'enaid
mewn tawelwch wrth dy hun,
yng nghri ingol angen eraill
mae darganfod enaid dyn.

Er mor braf yw teimlo cysur
y cyfarwydd yn ein byw,
yn anobaith ac ochenaid
teulu'r gorthrwm y mae Duw.

Paid â chuddio yn dy gornel;
nid mewn cysur mae y norm,
ond yn llygaid ffyrnig bywyd –
dos a dawnsia yn y storm.

2008

Y neges

tap taap, tap taap tap . . .
yn pingian o uchelder y tŵr;
Eidalwr bach yn gyrru neges –
y neges radio gyntaf erioed i deithio dros y dŵr
rhwng Ynys Echni a Thrwyn Larnog.

Roedd cymaint i'w ddweud.
Gweddi Cadog ar ei encil o Lancarfan
neu SOS gan y Llychlynwyr wedi crasfa'r Sacsoniaid
yn dianc i ynys y beddi;
roedd cymaint i'w ddweud.

Cyhoeddi lleoliad ogof y smyglwyr
neu sôn am y gwylanod, y cwningod neu hwyaid yr eithin
yn eu cartref diogel;
cymaint i'w ddweud.

tap taap, tap taap tap . . .
meddai'r neges
a newidiodd y byd;
neges yn gofyn y cwestiwn tyngedfennol.

Are you ready?

Odyn glei.

2012

Capel bach Tŷ-nant

Pan ddaw rhyw athro gyda chriw o blant
ymhen blynyddoedd ar y ffordd fach gul
i weld yr hen addoldy yn Tŷ-nant
a holi beth fu'n digwydd ar y Sul,
caiff ddweud fod yma fugail ar y praidd
a bod ffyddloniaid yma yn eu dydd
yn dod o bell ac agos am fod craidd
gobaith eu bywyd syml yn eu ffydd.

Mae heddiw'n fwy na chofio; rhoddwyd nod
ar frethyn ein Cymreictod sy'n parhau
i gynrychioli gwerthoedd dwfn ein bod
er derbyn bellach fod y drws ar gau.

Mewn oes sy'n gosod sylwedd ar bob rhith,
mae sylwedd ddoe'n anweddu fel y gwlith.

2007

Marco's

Nid yw'n gyfrinach bellach fod byd
Ynys Y Barri yn llachar ac yn lliwgar;
os eisteddwch am goffi ar un o'r byrddau alwminiwm
o gwmpas caffi Marco, fel hyn y mae.

Mae pawb yn gwybod hynny am fod Stacey
a Ness a Dave Coaches wedi dweud eu stori
wrth y byd. Fel darn hanner can ceiniog gloyw

mae'r caffi'n dynfa ar y promenâd, a Marco
fel hen uchelwr yn hael ei groeso. Yma
mae'r cŵn yn gorffwys ar ôl mynd
â'u perchnogion am dro; a llafar

yw eu sgwrs. Ar adegau tawel daw'r
henaduriaid doeth i drafod sylfeini bywyd,
i yfed y coffi ac i arogli'r Eidal.

Nid hwn yw cyngor y dref, ond dyma
babell y cyfarfod lle cedwir doethineb
y llachar a'r lliwgar mewn byd llwyd.

2011

Cyfrinair

Mae'r sgrin yn las
a bocs bach yn ei chanol
i osod yr allwedd yn nhwll bach y clo;
hwn yw drws ystafell y danteithion,

Ond ddaw o ddim.

Roedd o yno ddoe, yn guriadau trydanol
ar draws gwifrau'r ymennydd.
Heddiw,
mae'r gymysgfa o rifau a llythrennau
yn dal i danio ond mae'r drefn ar goll.

Rwy'n cofio'r dydd pan fyddai cnoc ar y drws
neu 'Oes 'na bobol?'
yn ddigon i gael mynediad;
ac nid yw mor bell yn ôl â hynny,
pan fyddai'r drws ar agor
os oedd pobl yn y tŷ.

Dyddiau pan oedd cofio rhifau ffôn
fel cofio'r ffordd i'r capel,
neu gofio lle gadewais y car.

2011

Etifeddiaeth

Mae rhai ohonom wedi etifeddu'r
cyflwr *haemochromatosis*.
Yn ôl yr arbenigwr ar gyflyrau o'r fath,
Cymru sy'n rhoi'r haearn yn fy ngwaed.

Mae bod yn Gymro, meddai ef,
yn cynyddu'r posibilrwydd bedair gwaith
o deimlo'n ddiegni, a'r cyhyrau'n trymhau
a'r iau a'r galon yn gweithio'n galed
i gadw'r haearn rhag eu rhewi. Meddai hefyd:
trosglwyddir y cyflwr gan y tad a'r fam;
mae fel trosglwyddo iaith a chenedlgarwch,
yn waddol o fetel yn hanfod dyn.

Mi fyddai'n braf cael dalen lân, wen
i dorri llinellau fy Nghymreictod arni,
ond mae niwl a glaw mân yn troi fy myd
yn llwyd. Weithiau daw lluwch
eiliadau llachar fel storm yn y niwl,
a gallaf gau fy llygaid a gwrando ar y daran.
Sŵn yw Cymru, nid lluniau,
sŵn lleisiau, melodïau a harmonïau
a dwndwr aflafar, weithiau, yn sgrechian yn fy mhenglog.

Agor a chau fy llygaid heb golli dim.
Gwranda! Fe ildiais i'r hen blwyfoldeb
a deuthum ar draws cymdeithas
a'i chân yn lluniau llawn lliw. Gwranda!
Ymhell, bell yn ôl, bu yno lawenydd –
y wyrth o blant yn chwerthin a'r alaw yn felys.

'Cymru Fach' yw'r gân fyddai Mam yn ei chanu –
cân yr encôr, 'Os nad yw hi'n fawr, mae hi'n ddigon . . .
mae lle iddi i gyd yn fy nghalon.'
Teimlais a gwelais y llais, ac yr oedd pob nodyn
yn wyrdd fel dail y goeden dderwen yn y gwanwyn
yn curo'n ddidrugaredd ar ffenest fy nghlyw.

Rwy'n dal i chwilio'r dwndwr yn fy mhenglog
am burdeb y nodau a enillodd gwpanau,
a mynnu rhoi'r haearn yn fy ngwaed.

2009

Tesseract

Coffi yn y tebot,
te yn y *cafetière*
a'r dyn yn y lleuad
yn llymeitian y sêr.

Mwslemiaid yn addoli
yng nghapel Severn Road,
mae'n ddydd Sul ar ddydd Gwener
a lot o fynd a dod.

Yr unben ar ei orsedd
yn gweld y caridýms,
yn herio'i holl awdurdod
o'u cartref yn y slyms.

Pan fydd y moch yn hedfan
a'r gronfa ddŵr yn sych,
y banciau yn hapchwarae
a'r gwachul yn troi'n wych,

sefydliad yn dadfeilio
wrth golli tryst a pharch,
nid ffordd i anfarwoldeb
yw anwybyddu pris yr arch.

2011

Pwy ydy pwy

'Beth am y busnes enwau yma?'
meddai'r llyffant wrth y broga.

'Oni bai am yr enwau gwahanol
rwyt ti a fi yn gyfnewidiol,'
meddai'r broga wrth y llyffant.

'A beth am Soffia?
Heb yr enw yna,
sut bydden ni
yn gwybod mai hi ydy hi?'

Ac i ffwrdd â'r ddau,
hop-hop i fwynhau
i lawr y trac;
maen nhw'n chwarae gyda Gabriel Jac
a chicio pêl
yn llawn o sêl –
maen nhw'n ei nabod o.
'Ond tasen ni ddim yn gwybod
ei enw, fasen ni ddim yn ei nabod,'
meddai'r broga wrth y llyffant
wrth fynd ymlaen am dro.

Mae Jodie Rhiannon yn edrych yn syn
wrth weld y ddau yn trafod fel hyn.
'Mi wyddoch chi pwy ydw i,
enw neu beidio, fi ydy fi.'
Meddai'r broga wrth y llyffant,
'Mae hi'n iawn, wyddost ti,
beth bynnag yw'r enw, yr un ydy hi.'

2009

Tyllau duon

Pan ddaw'r ffrwydrad,
ni fydd troi'n ôl.
Mae'r goleuni olaf
yn llosgi'n fwy llachar ac afradus
na'r greadigaeth.

Nid gwacter a gwendid
yw gwaddol y farwolaeth fawr,
ond egni rhyfeddol
sy'n sugno'r cyfan o'i gwmpas
i'w grombil ei hun.

Ar orwel eu tywyllwch,
mae'r grym yn aros
yn ddirgelwch drwy'r galaethau;
hwy yw creithiau'r cread
lle mae dydd
yn troi'n nos.

2010

Cymru fach

Fydd Cymru fach
fyth yn iach
tra bydd yna rai
am ei gweld yn llai
er mwyn iddynt hwy
gael teimlo'n fwy.

2012

Y graith

Mi dorraf botel ar y bar
a'i phlannu yn dy wyneb,
mi drof yr ymyl yn dy gnawd
a'i rwygo mewn casineb;
ond paid â gofyn pam rwy'n flin
a thithau'n Babydd at dy din.

Cei gario'r nod nes mynd i'th arch,
mae'r gwydr yma'n finiog,
mi fydd dy blant yn cofio'u tad
yn hyll ac unllygeidiog;
a phan ofynnant pam a lle,
dwed am y bastards yn y de.

1988

Bwci bos

Bob nos daw'r bwci bos o bell
i ofid fy ystafell.

Mae'r blynyddoedd blin
yn gorwedd ar blatiau tectonig,
lle gallai un symudiad
bach, bach,
dynnu'r cyfan i lawr;
yn unigrwydd eiddil oriau mân y bore
mae pob symud a sŵn
yn chwalfa fawr.

Oriau bregus
y tywyllwch tawel,
cyn i wydnwch y dydd
weu ei edafedd fel pryf cop
i ddal y bwci bos.

Mae fel sefyll ar ymyl dibyn
a'r bendro'n gafael,
am fod anwybodaeth
yn dywyllwch islaw
a'r llygaid ynghau.

Ofn clywed y ffôn yn canu
yng nghanol y nos; creu senario
y tristwch mwyaf,
a gofidio fel y gofidia plentyn
ar ôl hunllef
am bwci bos.

2011

Cewri

Mi wn ym mêr fy esgyrn fod 'na le
i gredu mewn rhagluniaeth, neu pa ddawn
sy'n rhoi rhythm Cymru yn y DNA
a'i droi ymlaen yr union amser iawn?
Dyna yw greddf ein cewri; gwybod pryd
i gasglu breuddwydion cenedl a'u troi
yn egni pur – trydan i oleuo'n byd
nes bod cymylau du ein hofnau'n ffoi.

Dyna oedd Owen i ni, cawr o ddyn
yn gyrru trên ein gobaith ar y daith;
gwyddai fod curiad ei galon yr un
â churiad calon ei genedl a'i iaith.
Yn nheyrnas ein breuddwydion, nid yw'r cawr
yn gorfod dweud wrth neb ei fod yn fawr.

2010

Facebook

Gosododd ei wep ar y Gweplyfr,
Facebook i chi a fi,
a chanfod fod ganddo fwy na dau neu dri
o ffrindiau.
Roedden nhw am rannu eu teimladau
a'u meddyliau,
a gyrru gwahoddiadau
i ddigwyddiadau.

O fewn munudau,
roedd yn perthyn i fyd
oedd yn llenwi ei fryd,
a mwy o ffrindiau parod
nag oedd gynt o gydnabod.

Poenai'n enwedig
a fyddai bywyd cysylltiedig
yn llai unig
neu rywbeth yn debyg?

2012

Arysgrif penddelw Gwynfor Evans yn llyfrgell Y Barri

Asbri'r gwladgarwr a'i ysbryd
yw'n rhodd ni o'r Barri i'r byd.

2010

Gwynfor

Ar Garn Goch, a welsoch chwi
y maen ymysg y meini,
y wawr waed ar y rhedyn
a hen fri y gaer ar fryn?
Man gwasgar llwch gwladgarwr –
dyma'i wlad, ei stad ddi-stŵr.

Mor rymus ei ymrwymiad
a braint ei ddyfalbarhad;
credu bod modd creu hyder
a'r ddwys awch i gyffwrdd sêr,
a rhodd y gŵr amryddawn
droes chwedl yn genedl go iawn.

Parhad ei alwad yw'n hysbrydoliaeth
i blannu'r had yn nhir ein treftadaeth.
Newydd awch sy'n cofleidio'i heddychiaeth
a'i lais yn adlais drwy bob cenhedlaeth;
bonheddig weledigaeth – cyfiawnder
yn gân o hyder yn ei genhadaeth.

Ei lorio, do, lawer dydd,
enciliem mewn cywilydd.
Ni ddôi gwên, ni thorrodd gwawr
ar fyd ynfyd brad enfawr;
hir, o mor hir fu'r aros,
a hir, dyna hir fu'r nos.

Gwynfor! Gwynfor! Mae dy gân
yn gafael dros wlad gyfan;
cadw'r ffydd a'i ddydd a ddaeth –
gwelodd y fuddugoliaeth.
Rhaid parhau – 'mond dechrau'r daith
yw hyn i'w wlad a'i heniaith.

Mae seiri cenedl yn mesur cynnydd,
a daw hyder fel codiad ehedydd
i yrru'n hawen i greu o'r newydd;
daw ein golud drwy ymdrech ein gilydd
i gynnal a dal y dydd – a deffro
o hunlle' heno a'i throi'n llawenydd.

2011

Trydar

Mi glywais fod 'na eos
yn canu yn yr ardd,
ond chlywais i 'run nodyn
o big y fronfraith hardd,
dim ond rhyw adar blin llawn chwain
a'u crawcian hyll fel haid o frain.

Mae'r byd yn llawn o drydar
heb felodi na swyn,
ac udo'r hen wylanod
yn gras a llawn o gŵyn;
cyn clywed tiwn, bydd rhaid i mi
osgoi y rhai sy'n 'y nilyn i.

2012

Hunaniaeth

Barcelona yn y gwanwyn
a'r nos yn dywyll;
o gyfeiriad y Ramblas
ffrwydrodd y tân gwyllt
yn sbloets o ddathlu,
yn dân yn y bol,
yn rhythm a dawns
a melodïau cyfarwydd
yn troi'n garnifal o liw.

Chwarddodd a dawnsiodd enaid Catalunya
am mai hi oedd pawb
ac am ei bod yn rhydd.

2001

Y tusw blodau

Mae hi fel pe bai pob dydd yn Sul y Blodau
wrth yrru heibio i'r polyn lamp ar ochr y ffordd
lle digwyddodd y ddamwain angheuol.

Mae'r atgof yn dal i gnoi a brifo
rhywun; nid yw blodau wrth fedd mewn mynwent
neu mewn cornel yng ngerddi'r amlosgfa
yn ddigon herfeiddiol na chyhoeddus
pan fo'r briw yn dal i waedu.

Yno, wrth y polyn lamp ar ochr y ffordd
sy'n dynodi'r ffin rhwng byw a marw,
mae yna arwydd newydd yn sgrechian:
Arafwch!

A thusw blodau ffres a glymwyd ar y polyn
mewn hiraeth dirdynnol yn ystod y nos
yn saethu fel laser drwy ffenestr flaen y car
bob bore o'r newydd.

2012

Y swper olaf

Gwisgodd ei siwt orau i'r swper hwnnw.
Siwt pin-streip a gwasgod,
fel sy'n weddus i achlysur
ei swper olaf.

Ni allai fwyta llawer
a'r canser yn anrheithio'i geg.

Ond roedd tân yn ei fol
a'r brigau cnotiog yn poeri
gwreichion ei gynddaredd.

Doedd o ddim yn barod i farw
nac yn barod i gofleidio'r rhyddid
o ddianc rhag caethiwed y darfod.

Ond yn ei siwt orau,
rhoddodd urddas i'w ffarwél,
ac ysodd gwreichion ei lid
yn danbaid ac aflywodraethus
drwy ddüwch y nos.

1988

Pasg y plant

Mae'r tiwlips melyn yn yr ardd
yn hardd mewn hetiau newydd,
a'r ieir yn dodwy wyau lliw
yn llawn patrymau celfydd;
mae'r byd i gyd yn dod yn fyw
i'n llenwi â llawenydd.

Mae'r cywion bach yn llawn o ffws
a'u rhieni'n trydar, trydar,
a brigau'r helyg mewn gwisg ffwr
yn siglo yno'n hawddgar;
mae bywyd newydd ym mhob man
yn ffrwydro mas o'r ddaear.

Ar ôl ei osod ar y groes
a dioddef dan yr hoelion,
a'i roi mewn bedd dan liain gwyn
daeth Iesu o'r cysgodion;
Hwn ydyw'r Pasg, mae'r Iesu'n fyw,
cawn ddathlu i'r entrychion.

2012

Helfa wyau

Mae cwningen y Pasg
wedi cyflawni'r dasg
o guddio'r wyau
o gwmpas y carafannau
ac mae'r helfa 'mlaen.

Dyma'r plant yn rhuthro
i chwilio a chwilio;
all dim eu rhwystro
rhag cyffroi mwy a mwy
wrth ganfod wy;
hynny yw, doedd dim diflastod
nes daeth y gawod.

Nid oedd traddodiad oesol
yr eglwys Gristnogol
yn ddigonol
i'w cadw rhag lloches
y garafán gynnes.

Mae'r ddefod o ddiosg esgidiau
cyn mynd i mewn i'r carafannau
yn ystod y gwyliau
yn chweched synnwyr
i'r lleiaf o'r gwersyllwyr.

Roedd decin y garafán honno
fel mynedfa mosg amser cinio,
gyda rhes geometrig o esgidiau
o amrywiol fathau.

Rhyfedd o beth ar y Trydydd Dydd
oedd y ddelwedd honno o wahanol ffydd.

2012

Diwedd cwmni

Defod ryfedd yw dod â chwmni i ben;
wedi'r ffarwelio
a'r wylo,
y cydymdeimlo
a'r beio,
y ffraeo
a'r gwylltio,
daeth dydd dod â'r cyfan i ben.

Defod drefnus
ac astrus
o lenwi
ac arwyddo ffurflenni;
dim byd anodd –
mae'r gofidiau drosodd –
a dyma sut y daeth y cyfan i ben.

Roedd fel bod mewn amlosgfa
gyda dau neu dri o hen ffrindia'
yn talu'r gymwynas ola'.

2012

Dryswch

Y tristwch yw
na all dyn fod yn blentyn ac yn hen ŵr.
Y blynyddoedd canol hynny
pan yw trachwant yn ei anterth
a nwyd ar binacl ei nerth;
cenfigen yn rhwygo'r ymennydd
a ffaith yn bwysicach na ffydd –
dyna'r tristwch.

Pan oeddwn blentyn,
yn sensitif i bob cyffyrddiad,
gallwn fownsio fel pêl o eiliad i eiliad;
pan fyddaf yn hen, caf hepian yn haul y gorllewin,
yn gwenu am fod henaint yn feddal fel clai.

Ond yn y blynyddoedd canol
mae breuddwyd yn brin,
ac mae'r byd yn cau
fel torrwr cnau
yn torri'r plisgyn a'n llyncu,
a chawn ein hunain yn gorfod cymryd rhan
yn nrama anghyfarwydd, ddifaddeuant
ein blynyddoedd canol.

1973

Dan ddaear hen

SAN JOSE, CHILE

Y 33
am 69 diwrnod
dros 2,000 o droedfeddi
yng nghrombil y ddaear
dan ddiffeithwch Atacama.

Wedi 17 diwrnod heb na dydd na nos,
daeth neges o'r ffwrnais uffernol
mewn llythrennau coch,
'yr ydym yn dda yn ein lloches,
y 33'.

Gofannu cymuned
mewn gwres a llwch,
am fod bywyd
yn fwy gwerthfawr nag aur.
Roedd cwlwm gobaith yn dal
yn dynnach na gwifren gopr
i gynnal
y 33.

GLEISION

Bore fel unrhyw fore arall ar y daith
i gyrraedd at geg y gwaith.

Nid yw'r cyrn yn mygu mwyach
ar hyd y cwm,
mae'r awyr yn llawer glanach
ar draws y cwm,
ond 'run yw'r ateb ddaw bob tro
wrth wneud y syms am bris y glo.

2010-11

Chwilio am drefn

Os yw cyfiawnder Duw
ar gerdded yn ein byd,
cawn weld sut bydd ei deyrnas ef
yn dod â'i blant ynghyd.

Os yw tangnefedd Duw
yn llenwi calon dyn,
ni fyddai neb am ladd ei frawd
sydd eisiau byw'n gytûn.

Os yw ewyllys Duw
bob tro yn cario'r dydd,
ni fyddem byth yn amau'r rhai
sy'n dewis cymod ffydd.

Pe bai'n calonnau ni
yn un â chalon Duw,
ni welem fyd sy'n dewis ofn
a thrais fel ffordd o fyw.

2003

Eithr Duw

Er mynd dros orwel ein canfyddiad ni
a cholli angor bywyd, nid yw'r daith
yn dod i ben. Mae'r llong yn dal i hwylio.

Roedd ei bresenoldeb yn ein plith
fel mynydd iâ; plygodd belydrau'r haul
i oleuo'n ffydd â delweddau llachar

heb ein llethu
gyda'r swmp oedd o dan yr wyneb
lle plymiodd i ddyfnderoedd meddwl Duw.

Cyn dyfod henaint fe ddaeth gwres y dydd
a chlywem sŵn y cracio dan y dŵr,
ond ni phallodd y fflachiadau disglair yn ein gŵydd.

Pan ddaeth y llong i'n golwg, gwyddem iddi
daro'r mynydd iâ. Y rhyfeddod yw mai'r iâ
a chwalodd yn siwtrws yn y frwydr fawr.

2012

Aros mae

Wn i ddim beth ddaeth gyntaf.
Ai bwrlwm y cyfnod, fel y llanw'n dod i mewn,
neu lais proffwydol Gwynfor
fel grym disgyrchiant y lloer
yn tynnu'r llanw ar ei hôl?
Y cyfan wn i yw fod yr Haleliwia
wedi llenwi enaid llawer Cymro
wrth fynd yn droednoeth at ymyl y tonnau
ar draeth ein hunaniaeth hen.

Mi glywais y llais
yn gadarn ar lwyfan,
yn dyner ar y ffôn;
llais wedi goresgyn pob sen
gyda sicrwydd ei neges
a thincial ei chwerthiniad.
Mae'r ffin yn denau
rhwng ystyfnigrwydd a dyfalbarhad.
Roedd Canute yn 'styfnig
Yn ceisio atal y tonnau;
dyfalbarhad yw gweithredu mewn ffydd
y bydd y rhod yn troi.

Mi glywais y llais
yn mowldio ewyllys y bobol
i dderbyn y cyfrifoldeb am etifeddiaeth mor hael.
Mi deimlais yr ewyllys
yn sugno'r dyfroedd.
Aeth y lloer dros y gorwel
daeth y llanw i mewn
a does dim grym ar ôl
all ei dynnu fe mas.

2006

Wilias

Mae angen tudalen wen, pad sgwennu
newydd a phensel finiog fel nodwydd
i lwyddo fel amheuwr creadigol

A chael hwyl wrth chwilio
gwreiddiau ein gwareiddiad –
sawl 'c' sydd yn 'Cricieth', a phethau
o bwys i'n byd.

Ni ddaw'r gwir nes naddu'r geiriau
yn fân, yn fanwl
ac yn deg; wedyn rhedeg y ras
a dal yr eiliad olaf.

Pell, pell oedd Gwlad Pwyl
er i 'Hen Wlad fy Nhadau'
atsain drwy Katowice;

Mae yna angen amynedd
a gwybod beth yw byw mewn gobaith
i fynd, bob tymor, dramor gyda'n tîm pêl-droed.

Cofio sioc gweld Trevor Hockey
yn derbyn cerdyn coch,
a gwylio'u buddugoliaeth
yn ddi-hwyl – tair i ddim.

Yna, ar y diwedd, gwahanodd
môr coch eu selog gefnogwyr
a gwelwn osgo Wilias –
un cam cyn croesi'r cae
i daro'r hoelen olaf yn ei stori.

Mae tymor i bob gorchwyl ac amser i bopeth
        ar y ddaear, medd y Pregethwr;
anodd credu hynny.
mae'r presennol yn llai diddorol na ddoe
a fory yn gartref i eraill.

Roedd hyder yn ei gerddediad – a nerth
        wrth wneud penderfyniad,
    a theithiodd ei ymroddiad
    lwybrau hir dyfalbarhad.

Dyn a'i enaid yn ei wyneb – a'i wên
        yn mwynhau diawlineb,
    dyna un yn anad neb
    foldiwyd i'w gyfrifoldeb.

Un a gerddodd ag urddas – unigryw,
        unplygrwydd a phwrpas
    i wneud ei ran – un o dras
    y doeth yn ein cymdeithas.

Rhoes gam, wedyn brasgamu – hyd erwau
        dyrys byd teledu,
    ond o heulwen ei deulu
    daeth golau mewn dyddiau du.

2008

Adborth

Safodd ar y llwyfan
fel ceiliog bantam ar ei domen ei hun.
Roedd yr araith
wedi ei saernïo'n ofalus
ac wedi ei hymarfer o flaen y drych.

O'i flaen eisteddai'r gynulleidfa fel robotiaid,
yno i gymeradwyo ac amenio
pob ystrydeb o'i enau.
Gallai ddibynnu ar adborth
fyddai'n adlais o'i eiriau ei hun.

Safodd a chliriodd ei wddw
a dechreuodd ynganu.

Dyna pryd y daeth prosesau sain
dan ddylanwad deddf canlyniadau anfwriadol
neu ddeddf Murphy, wn i ddim pa un;
ond ta waeth am hynny,
yr un oedd y canlyniad.

Am iddo fynnu mynd â'r microffon
yn nes at ei gynulleidfa,
daeth ei eiriau yn ôl o'r darseinydd
a chreu dolen adborth berffaith.

Troes ei eiriau'n chwiban,
wedyn yn wich anghynnes
cyn yr oernad
wnaeth i bawb yn y gynulleidfa
roi eu dwylo dros eu clustiau fel un.

Wrth gilio o'r llwyfan,
meddyliodd
mor amhersain i'w ego
oedd clywed ei hun fel ci yn udo.

2012

#cerdd

Chwiliwch amdanaf mewn mannau anghysbell;
nid wyf yn alltud nac yn ddieithryn ac mi fyddaf
yn falch o'ch cwmni; defnyddiwch *hashtag* #cerdd.

Ymhlith y darnau o dragwyddoldeb digyswllt
lle bydd pob gwybodaeth yn cuddio mae gennyf fy lle
hyd ddiwedd amser neu ymhellach fyth. #cerdd.

Mae meini'n erydu, mae papur yn llosgi,
mae tapiau a disgiau yn pydru ond mae'r miliynau o #
bob dydd yn poblogi dimensiwn yn y cread mawr.

2012

Boring

Mae Milton Keynes yn drefnus
ac yn lân,
ond fydd o byth
yn ysbrydoli'r awen
fel cwteri Paris.

1998

Y lliain gwyn

Mae'r bara wedi'i dorri
a'r gwydrau gwin yn llawn,
mae bwrdd y wledd yn barod
a'r lle yn dawel iawn;
bydd cariad Duw'n ein dal yn dynn
yn holl blygiadau'r lliain gwyn.

Mae'r emyn wedi'i ganu,
dyneswn at y bwrdd,
wrth rannu'r gwin a'r bara
mae Duw a dyn yn cwrdd;
cofiwn aberth Calfaria fryn
a'i rwymo yn y lliain gwyn.

Mae'r llestri wedi'u cadw
yn ddiogel am y tro,
a'r Iesu yn ein galw
i fentro gydag o;
mae'r Iesu'n fyw a daeth drwy'r glyn
yn rhydd o rwymau'r lliain gwyn.

2012

Cwrdd eglwys

Rho d'arweiniad i ni yma,
dangos dy ewyllys di,
planna ynom rym dy bwrpas,
aros yma gyda ni.
Mae'n cymdeithas
angen clywed sŵn dy lais.

Ym mhob pryder, ym mhob gofid,
llanw ni a'th obaith mawr,
yn ein llwyddiant a'n methiannau
rydym gyda'n gilydd nawr.
Mae'n cymdeithas
angen clywed sŵn dy lais.

Gwna ni'n ddoeth ac amyneddgar,
gwna ni'n ddewr a llawn o ffydd,
boed ein trafod yn llawn cariad,
gwna ni'n llawen, gwna ni'n rhydd.
Mae'n cymdeithas
angen clywed sŵn dy lais.

2011

'Neuadd fawr rhwng cyfyng furiau'

Annog a chalonogi – a chyfaill
dyrchafol fu inni,
ni ddaw nos i'n neuadd ni
na lanwodd â'i oleuni.

2007

Olwynion

Dydd o haf ydoedd hi
a naws haf dros nos yr ynys;
ffrind yn mynd am ei Honda.

Ni fedrai deimlo'n feidrol
a grym injan *six fifty*
dan reolaeth ei ddwylo.

Beic mawr, ac yntau mor fach
yn gyrru bywyd
mor rhad i'w eiliad olaf.

Cyrraedd cyflymdra diystyr
gyda holl rym y peiriant –
rhy gyflym i ddwy olwyn.

Sŵn dur yn taro dur
a deunaw haf yn dadfeilio
yn swpyn di-lun ar y lôn.

Canodd y ffôn y noson honno,
nos o wacter ysictod;
nos ddu o haf gynnes oedd hi.

*

Y bore. Diffrwyth y deffro
pan wyddem i'r ddamwain
fod yn hollol derfynol.

Gadawyd brawd yn ei bryder
a gofid yng nghalon ei gyfaill
a rhieni heb ddim.

Darn byr yn y papur lleol,
byrrach yn y *Western Mail*;
dim cysur yn y geiriau

sy'n methu cyfleu'r golled,
rhoi rheswm mewn gwacter
na mesur y gwastraff.

Pa ddawn, pa ddiffyg, pa ffolineb
ar noson braf o haf hir
aeth â'r llanc i ddifancoll?

*

Ni chanodd angylion yn ei angladd,
ni chanodd bron neb
yn nieithrwch y gofid.

Mor anghyfarwydd y siantio,
mor wag y weddi,
mor dynn oedd cwlwm cyfeillgarwch.

Roedd yr wylo
yn dod o ddyfnderoedd
colled mor ddiystyr.

Wylasom. Er bod gobaith
yn nhrefn y ddefod;
nid oedd seremoni'n ddigon.

*

A wylaist ti'n ddiweddar, Pedr?
Ti, sylfaenydd yr eglwys;
gwelaist tithau golli cyfaill ifanc

a'i fryd ar dy synnu di;
mae dagrau bryd hynny'n fwy grymus, Pedr,
na'r blew ar dy frest.

Iaith ein dynoliaeth yw enaid yn wylo,
injans beiciau modur yn tanio
un ar ôl y llall . . .

1984

Y côr

Wrth drafod noson ffarwél i'n gweinidog
A sôn am adloniant i ddilyn y wledd,
Cynigiodd Carys fod y merched yn ffurfio côr.

Os ydyn ni'n onest â'n gilydd, rhaid cyfaddef
Nad y cyfnod diweddar yn ein capel ni
Oedd blynyddoedd euraid hanes y gân.

Ystyriai rhai mai'r broblem oedd *Caneuon Ffydd*,
Gan fod angen berfa i gludo'r llyfrau
Sol-ffa a hen nodiant o'r cyntedd i'r sedd.

Dywedai eraill i'r Haleliwia lithro o'n heneidiau
Yn yr ymdrech wythnosol i ddringo grisiau'r capel,
A threigl y blynyddoedd yn nogio'r hen fegin.

Y gwir yw i'r nodau melys a glywid gynt
Ddianc o gawell ein cysur, fel adar hen chwedl
Yn gadael y wledd. Ddaethon nhw ddim yn ôl.

*

Mae pawb yn gwybod bod côr yn angenrheidiol
I gynnal yr hwyl mewn noson gymdeithasol,
Ac mae côr angen arweinydd;

Nid rhywun i chwifio baton fel melin wynt,
Ond rhywun allai ddenu'r nodau yn ôl
Fel adar hudolus i'n swyno fel cynt.

Arweinydd a wyddai nad yw perffeithrwydd yn absoliwt,
A'n bod, mewn ffordd, mor berffaith ag y gallem fod
wrth gyfannu'r eiliad pan ddaw cymdeithas ynghyd.

Arweinydd i ystwytho disgwyliadau, gwreiddio dyheadau,
Dewis melodïau a chreu newydd harmonïau
wrth agor ffenestri i'r nodau ddod 'nôl.

Esgynnodd y perfformiadau o'r festri i'r capel,
O'r noson gymdeithasol i ddathlu'r ŵyl,
Gyda chadwyn alawon, emyn a charol a 'Que Sera'.

Nid *repertoire* Eisteddfodol, ond cyfle i ddathlu
A rhoi gwên ar wynebau. Daeth y nodau yn ôl;
A chanodd y côr a llawen ein chwedl.

*

Er mor astrus, bregus a brau
ydyw heddwch ein dyddiau,
Daeth adar lledrithiol i sefyll ar frigyn ein tristwch,
I dawelu'r cynnwrf a lliniaru pigyn ein poen;
A chlywsom gôr yn canu:
'Que Sera, Sera . . .'

2009

Ddoe oedd hynny

Y dyddiau hynny,
pan ddeuai teulu'r eglwys at ei gilydd
wrth fwrdd y cymun ar nos Sul,
roedd llawr y capel yn gysurus lawn.

Roedd angen pedwar i rannu'r elfennau,
dau'r naill ochr, ac mi fyddai'r sedd fawr yn orlawn;
roedd angen dau bennill ar yr organ
wrth rannu'r bara a'r gwin.

Ond deng mlynedd ar hugain yn ôl oedd hynny,
pan oedd y teulu'n ifanc
a mwy nag un genhedlaeth yn rhannu
Swper yr Arglwydd gyda'i gilydd.

Deuem at ei fwrdd yn sŵn y geiriau oesol, fythol newydd,
'Derbyniais gan yr Arglwydd yr hyn hefyd a draddodais i chwi,
fod i'r Arglwydd Iesu y nos y bradychwyd Ef gymryd bara . . .'

Arferiad a draddodwyd
o un genhedlaeth i'r llall
dros ddwy fil o flynyddoedd,
yn oesol a bythol newydd.

Hwn oedd y trydan i adnewyddu'r ysbryd
fel chwistrelliad o egni pur
i'n cynnal ar y daith.
'Efe yw'r ffordd a mwy na'r ffordd i mi;
Efe yw 'ngrym . . .'
Cynhaliodd ein cymdeithas a goleuodd dywyllwch
ein llwybrau unig ar y daith.

Cofiwn fel y byddai'r gweinidog, ar ddiwedd y cymun,
yn eistedd yn y gadair fawr a'n harwain
i adrodd gyda'n gilydd un pennill bach,
'Yn dy law y mae f'amserau . . .'

Ddoe oedd hynny
ac ni ddaw neb â ddoe'n ôl;
ond mae'r daith yn parhau, a'r llwybrau
yr un mor ddyrys a'r dyddiau 'run mor ddwys.

'Derbyniais gan yr Arglwydd
yr hyn hefyd a draddodais i chwi . . .
y cyfamod newydd yn ei waed . . .
Yfwn bawb o hwn . . .'
A chamwn ymlaen.

2010

Oed yr Addewid

Ni ddaw oed yr addewid – a'i heulwen
    a'i hwyl heb y gofid;
    ddoe, ni fuost yn ddi-hid,
    heddiw, cei ddathlu rhyddid.

Cwys union yw'r cwys unig – ni allodd
    tywyllwch annhymig
    droi'r awdur o'i aredig
    na'i lorio, na deffro dig.

Enaid sy'n llawn doethineb – a thafod
    hynod ei ffraethineb;
    ffrind cyson dy ffyddlondeb –
    dyna wyt yn anad neb.

2010

Ni ydy Nicodemus

Dyma Nicodemus.
Dyn da,
yn fodlon gyda'r sefydliad;
un o'r teulu wedi ei fagu i fod
yn un ohonyn nhw.

Liw nos fe'i gwelwn ef
yn edrych, ar ran y Sanhedrin,
i lygad y Galilead di-lol.
Nid yw'n deall
gŵr yn sôn am y gwynt
a hwnnw'n chwythu lle y mynno
a neb yn ei weld.
'Yn Nuw mae popeth yn newydd,'
medd y Mab.
Dim ond mul
ofnus sy'n fwy ystyfnig
na dyn dwl
gwasaidd i'w fyd o gysur.

Oni fyddai'n od meddwl
fod Cymru fach
yn ddiogel rhag awel a gwynt
y newid, am fod yno awydd
i ffynnu drwy aros yn ei gorffennol,
a rhoi bai ar y byd
neu ddiffyg sêl pan fydd capel yn cau?

2010

Cariad

Mae un math o gariad sy'n dinistrio.
Y cariad gormodol, llethol
sy'n caethiwo, gwenwyno
a mygu; y cariad hunanol
sy'n troi anwes yn ormes.
Cariad y rhai sy'n meddu'r ddawn
i gredu'n llwyr mai dim ond nhw sy'n iawn.

2012

Sedd wag

Yn yr unigrwydd, lle mae'r gwacter ar ei ôl,
mae'n dywyllach, yn dawelach ac yn wacach;
pan fo grym natur yn ein gadael, mae gofod
lle bu presenoldeb yn llenwi pob trafod
gyda brwdfrydedd a barn.

Daeth ei daith i ben yn ddisymwth
mewn cyrchfan anhysbys
ar ben y cledrau; gwyddai fod pellter i fynd
pan ddaeth y tawelwch sanctaidd dros bob stŵr.

Gwyddai hefyd, wrth ddod â'r injan at y byffer,
y byddai croeso iddo wedi'r daith,
a rhywun yno'n gafael yn ei law
i'w dywys o'r unigrwydd
nes byddai'n ei gweled hi.

2012

Islwyn Jones yn 80 oed

Yn fôr o hwyl, tonic y Fro, – ei ddysg
a'i ddawn sy'n ein swyno;
awen fyw prifardd Gwenfô
yn aflonydd ddiflino.

2010

Camp

(Manon Rhys a Rhys Iorwerth – Prif Lenor a Phrifardd
Eisteddfod Genedlaethol Wrecsam 2011)

'Os ydy pryf yn gryf,'
meddai Gabriel wrth Teifi,
'ydy dau bryf yn gryfach?'
'Na, maen nhw'n cwffio
a lladd ei gilydd,'
meddai Teifi wrth Gabriel.
'Mae 'da ni ddau o'r rheina
yn Nhreganna,'
meddai'r naill wrth y llall.

2011

Snaps o'r dref

1   Mi droediais ei phalmentydd
    yn wyth ar hugain oed,
    wrth ysgwyd llaw am bleidlais
    am y tro cynta' 'rioed.
    Mi gollais yn sylweddol
    ond yn anrhydeddus.

2   Diau mai darllen gwaith Bardd yr Haf –
    un o gyn-drigolion y dref –
    wnaeth i Billy Butlin
    sefydlu gwersyll gwyliau yma.
    Wedi'r cyfan, roedd ynys yn Y Barri
    yn well nag awel ym Mhorthcawl.

3   Prifiodd Y Barri o hepian amaethyddol
    tua chant o bobol
    yn dref ddiwydiannol
    ifanc o ddeugain mil mewn ugain mlynedd
    chwyldroadol.
    Tref y bobol ddŵad
    o bob rhan o Gymru a'r byd;
    tref y fenter a'r hwyl
    a lle i ieuenctid dyfu'n gyflym.
    Heb yr egni a'r cyffro heintus,
    heb y coleg na'r dociau,
    y gwaith plastig na'r llong fananas,
    heb y ffair na Butlins
    na siop Dan Evans;
    daeth dydd yr ail ddychmygu.

4   Wrth edrych dros y dociau
     a'r cynllun yn ei law,
     a fyddai'n rhoi ei fendith
     ar y newid ddaw?
     Mae hefyd yn Llandinam
     yr un mor llym ei fryd –
     'sgwn i pa David Davies
     sydd hapusaf ei fyd?

5   Eisteddwch ar y sgwâr
     yn edrych a gwrando
     ar dristwch, ing a gwae
     yn mynd heibio.
     Weithiau mae baich y byd
     yn rhy drwm i'w gario;
     gormod o dristwch a phoen
     i gydymdeimlo.

6   I ddau bensiynwr sy'n nesu at briodas aur,
     trît bore Sadwrn yn y gwanwyn a'r haf
     yw aros am frecwast solet a seimllyd
     yng nghaffi John ar eu ffordd i Morrisons.
     Mae'r waliau'n llawn lluniau o'r pumdegau
     pan oedd yr ynys yn ei hanterth,
     heb le i hances boced ar y traeth,
     ond i gadw'r haul rhag cyrraedd pennau moel.
     Fe bery defod y brecwast,
     ond plât bach y tro yma,
     os gwelwch yn dda!

2012

Siachmat

Cythraul o fis i golli pobl ydy Awst.
Wrth i genedl y Pethe ddathlu goroesi
am flwyddyn arall, mae nene'n digwydd.

Dyw arwyr llencyndod byth yn mynd yn hen,
yn sicr os ydyn nhw'n dod o'r Rhos lle mae'r egni,
brwdfrydedd a'r candŵ, yn cynnal
hunaniaeth ein cenedl reit ar y ffin.

Un felly oedd Morien i mi;
hogyn ysgol yn sir y Fflint oeddwn i
ac yntau'n brifathro ysgol gynradd
yn ysbrydoli plant y ffin gyda gwên ei Gymreictod.

Yng nghanol yr adrodd a'r barddoni, yr eisteddfota
a'r cystadlu di-ben-draw a chynnal ein diwylliant,
dôi ambell gyfle i chwarae *chess* –
nid gwyddbwyll, dalltwch – gallai'r Gymraeg lyncu
geiriau estron heb ddiffyg traul hanner canrif yn ôl.

Y diddanwr, yr actor, yr athro, y talent siriolaf
a'r amynedd i eistedd i lawr yng nghefn rhyw lwyfan
yn ystod ymarferion i chware *chess*
efo hogyn ysgol o sir y Fflint.

Dydy arwyr fel yna byth yn heneiddio;
mae'r cyfan wedi ei argraffu ym mhatrwm eu bod.

Mae'r gêm yn dod i ben
pan fo'r brenin yn cwympo.
Cythraul o fis i golli pobl ydy Awst.

2009

Traeth cerigos

Os ei am dro ar draeth y Cnap,
chwilia'n ofalus dan dy draed
ymysg y cerigos llwyd
am ewin troed y diafol.

Wystrysen gyntefig o'r cyfnod Jurasig,
pan oedd y ddaear yn feddal
a'r dilyw yn symud cyfandiroedd,
wedi ffosileiddio ym mudreddi'r dyfroedd bas.

Dywed rhai fod rhwbio ewin y diafol
yn gwella'r gwynegon;
ond paid â'i lyfu – nid yw'n gogleisio
fel wystrysen ffres.

2012

Seren wib

Seren wib ar siwrnai heibio – nid oedd
du, gwyn na llwyd yno,
dim ond lliw, a briw i'n bro,
llanast ei cholli heno.

2009

Cynhaeaf arall

Gariadus Dad, sy'n gosod trefn
yng nghanol anhrefn mawr,
rhown flaenffrwyth ein digonedd ni
o'th flaen yn wylaidd nawr.

Fe wyddom nad dy gynllun di
yw rhoi i ni y ddawn
i adael rhai mewn angen dwys,
a'r ysguboriau'n llawn.

Wrth ddiolch am dy roddion hael,
fe gofiwn dy fod ti
am weld dy blant yn rhannu'r wyrth
sy'n fyw o'n cwmpas ni.

Ein gweddi y cynhaeaf hwn
yw am dy ras o hyd
i rannu'r da a roddaist ti
yn gyfiawn dros ein byd.

2010

Pos y Sffincs

Dyma oedd pos y Sffincs
y llwyddodd Oedipus i'w ddatrys;
pa greadur sy'n cerdded ar bedair coes yn y bore,
dwy goes ganol dydd
a thair coes yn yr hwyr?
Rhyfedd o beth fod diwinyddion y dydd
wedi methu'n lân â chracio'r cod,
a bod bachgen oedd newydd ladd ei dad
(er na wyddai hynny ar y pryd) ac oedd ar fin priodi ei fam
(er na wyddai hynny chwaith)
wedi cael yr ateb yn syth.

Yng nghysgod y chwedloniaeth nid oes goleuni,
gan mai yno mae'r duwiau'n chwarae gêmau
ffawd a thynged ac yn plethu eu trasiedïau
ac mae'r gynulleidfa'n wylo a chymeradwyo.
Mae'r corws yn adrodd, 'Ni allwn ystyried dyn yn ffodus
nes iddo farw.' Mae Oedipus yn lladd ei hun
ac mae'r gynulleidfa'n sefyll ar ei thraed; oes unrhyw beth
yn fwy hwyliog na thrasiedi dda?

A'r ateb i'r pos? – Dyn
sy'n cropian ar ei bedwar yn y bore,
yn cerdded ar ei ddwy goes yn anterth ei ddydd,
ac yn pwyso ar ei ffon yn yr hwyrnos.
Dyna ddirgelwch y sffincs mewn trasiedi Roegaidd.

2005

Ust!

O'r sŵn diystyr sy'n byddaru'n byd
a'r stŵr di-baid o'n cwmpas ni o hyd,
gad i ni ganfod ffordd o hidlo'r sain
i agor tonfedd y llef ddistaw fain.

Mewn byd sy'n oleuadau nos a dydd,
cysgodion tywyll sy'n creu mannau cudd,
gad i ni ganfod dy oleuni di
a'i adlewyrchu drwy'n gweithredoedd ni.

Tra bo pryderon bywyd yn dwysáu
mewn oes a'i holl ansicrwydd yn llesgáu,
gad i ni ddeall holl lawenydd byw
trwy brofi peth o'r wyrth ym meddwl Duw.

2009

Consierto

SYMUDIAD CYNTAF: MELODÏAU

Peidiwch â tharo'r nodyn yn y cywair lleddf,
mae byw yn rhy fregus i wylo.
Teimlwch eich etifeddiaeth yn goglais eich greddf –
a gwenwch yng nghyfoeth y cofio.

Wedi dwyster y golled a theimlo'r briw
mae'r unawdydd yn newid cyweirnod,
gweddnewid byd llwyd yn deyrnas o liw
wrth i'r golau feddiannu'r cysgod.

Dewch i fwynhau melodïau diwyd,
ac ymddiried yn y rhythm a dilyn y sgôr;

Gwrandewch:
mor felys yw'r cytgord
pan fo'r gwacter yn llenwi â'r
Miri Mawr, y *Torri Gwynt* a'r *Sêr*, *O Steddfod i Steddfod*,
Teuluffôn a *Theulu'r Mans*, y *Swigs* a'r *Parti Dolig*.
Y Gwesty Gwirion yn *Ibiza, Ibiza*,
Heno, Heno, hen blant bach . . .

Gwrandewch:
drwy'r clymu a'r cystadlu, y cyfuno a'r ymladd
mae'r unawd fel tincial chwerthin
yn llifeiriant y gân.
Gwrandewch.

Mae angen bod tipyn bach yn boncyrs
i greu byd mewn ogof a'i boblogi gyda
Caleb, Blodyn Tatws, Llewelyn, Dan Dŵr, y Dyn Creu
a'r deiet pengwins.

Ond rhywle yn nyfnder ein hymwybod
roeddem i gyd yn rhan o'r *Miri Mawr*.

Roedd Blodyn Tatws mor fyw i Henry, y rheolwr llawr,
rhoddodd y ciw i'r pyped, yn hytrach nag i Robin yn ei
guddfan dan y ddesg.

Yn yr ogof honno, roedd angen gofalu
na fyddai'r un gair amwys yn cyrraedd clustiau'r plant.
Cystadlu a chydweithio –
dyna fiwsig grymus oedd hwnnw,
yn tyfu i'w anterth a
llifo allan o'r ogof i'r Mans a Chemical Gardens.

On'd oedden nhw'n ddyddiau da?

Dim ond y dethol sy'n cael y ddawn
i aros yn blentyn.
Ffalabalam . . . ba-lwm . . . ba-lam . . . ba-lei.

Yno daw popeth at ei gilydd –
yn deulu,
yn gymuned,
y caru a'r siomi a'r hwyl.

Dyma'i ystad –
y bugail gofalus a'i braidd anystywallt –
a gofal am bob dafad golledig,
er nad oedd y ddafad yn gwerthfawrogi hynny bob tro.

Fel bugail Cwm Pennant, rwy'n gofyn bob gwawrddydd
a'm troed ar y talgrib lle tyr,
'Pam, Arglwydd, y gwnaethost y cyfan mor dlws
A bywyd hen fugail mor fyr?'

2010

Priodas yn yr Adfent

Prysur fu'r disgwyl a'r paratoi
y Rhagfyr hwnnw, er i'r eira ddod
i'n tawelu, fel pe'n ein cloi
mewn darlun ffantasi o fyw a bod.

Erstalwm, hwn oedd mis y Grawys Bach,
mis ympryd cyn i'r eglwys ddathlu Mair
yn esgor ar fab, cyn dyfod strach
ein Nadoligau ni i'w droi yn ffair.

Heddiw, mae dathliad arall yn y gwynt
pan fo dau annwyl iawn yn dod ynghyd,
a chofiwn am ei wyrth mewn priodas gynt
fel arwydd clir o'r grym sy'n newid byd.

Yn nhymor yr Adfent mae dyn a Duw
yn dod yn un am byth trwy gariad byw.

2010

Y Nadolig hwn

A fuost ti ym mhob parti
a mwynhau dy hun go iawn?
A gefaist ti ddigon i'w fwyta?
Ydy'r bol a'r hosan yn llawn?
A glywaist y griddfan drwy'r sŵn i gyd –
ochenaid y gofid sydd yn y byd?

A deimlaist ti rym y cariad
yn t'wynnu o'r gwely gwair?
A deimlaist ti'r syndod dwyfol
a guddiai yng nghalon Mair?
A'r angylion llachar, a welaist ti'r rhain
neu ai ti oedd yn plethu'r goron ddrain?

A glywaist ti leisiau nefolaidd
yn arwain dy siwrnai bob cam?
A welaist ti ddwylo'r baban
yn gorwedd yn llaw ei fam?
Neu ai ti roddodd hoelion y Nadolig hwn
yn y dwylo a greodd y byd yn grwn?

2005

Nadolig Sgwâr y Brenin

Y strydoedd sy'n ystrydeb – byw ar ruthr,
        pawb ar ras, prysurdeb;
    pan yw hyn yn helpu neb,
    arhoswn wrth Ei breseb.

2009

Cyfarchion Nadolig

Yng nghanol ein haddoliad – lle mae Duw,
        lle mae dawns y cread
    yn dathlu fry, rhown fawrhad –
    agorodd ddrws ei gariad.

2010

Dilyn seren

Rwy'n barod am y daith dros fôr a thir,
fel doethion ddaeth o'r dwyrain ddyddiau gynt;
fry uwch fy mhen mae golau seren glir
yn gyfaill a thywysydd ar fy hynt.
Lle bynnag saif y seren uwch ein byd,
mi wn y byddi yno'n siglo'r crud.

Creulondeb a chasineb ym mhob man,
a Herod wrth ei waith dros wlad a thref.
Ond gwn fod brenin newydd, baban gwan,
sy'n dod â chariad Duw i'w fyd o'r nef.
Lle bynnag saif y seren uwch ein byd
mi wn y byddi yno'n siglo'r crud.

Y doniau roddwyd imi gan ei dad,
a roddaf yn anrhegion i Fab Duw;
a phan ddaw'n bryd dychwelyd i'r hen wlad,
mi fydd y ffordd yn newydd a chaf fyw.
Fe safodd Seren Bethlem uwch ein byd
a thithau gyda ni yn siglo'r crud.

2010

Corlan a chwlwm

1

Nid yw Nest yng Nghilgerran heddiw,
adeg y Nadolig yng nghastell Cenarth Bychan.
Golau'r haul fel menyn yn taenu
dros y bara haidd
ac awel fain yn gwthio rhwng y cerrig.

Mae Glyn-y-mêl yn dawel
heno, dro.
Er bod y ffôn yn canu
does neb i'w ateb eto.

2

Llwyd y baw a'r robin goch
yn rhannu briwsion yn yr ardd.
Pigo, pigo.

3

Nid yw'r creadur gosgeiddig
sy'n neidio'r lefelau yn nyfroedd afon Teifi
yn sylweddoli
y bydd ei naid olaf o'r afon
fel plygiad athletaidd
yn glanio'n glep yn rhewgell Glyn-y-mêl.

4

Mae llawenydd fel bwrlwm
mewn gwydraid siampaen
yn pefrio a dawnsio
rhwng sydd a dylai.

Dyma'r gwirionedd –
y tir toreithiog hwnnw
rhwng ffaith a ffantasi
lle na fentra difrod
gwenwyn ein gwybodaeth.

Dim ond wrth ddychmygu
yr hyn y gallem fod,
y byddwn.

5
Mae bywyd yn ysgafn fel pluen
os cadwch chi'r bagej i lawr,
a'i dreigl fel dawns y dylwythen
neu gysgod ar doriad y wawr.

Mae ystyr i bob amrantiad
ond nid yr un bob tro,
nid naratif yw ein bywyd
yn trefnu patrymau'r co'.
Yn ysgafnder ein bodolaeth
mae'n bosibl i ni fyw
yn y gofod rhwng eiliadau,
a falle mai hwnnw yw Duw.

Weles i mo'r awel yn chwythu
tu allan i'r ffenest glo,
ond mi weles i'r bluen yn codi
lan a lan dros y to;
a doedd 'na ddim pwysau i'w dal i lawr
fel y dylwythen ar doriad gwawr.

6

Mae'n amser brecwast
neu ginio
neu swper – beth bynnag –
pa ots pa un.

Mae arogl y becws
yn drifftio ar yr awel
yn awgrymu'r bore –
ni ddaw dim o ddim . . .
non, je ne regrette rien.

Croissant melys, coffi chwerw
yn plethu fel y da a'r drwg.

Ni ddaw dim o ddim,
ond mae'r biliau wedi'u croesi
ac mae'r diwrnod yn dda

ac atgofion
yn cynnau'r tanau;
pleserau, gofidiau
nad wyf eu hangen mwy;

Ysgubwyd cryndod yr holl serchiadau
fel llwch ar seld gan awel y bore
ac mae pob diwedd yn newydd.

Na, ni ddaw dim o ddim
ac mae bywyd yn mynd ar ei daith.
Non, je ne regrette rien.

2009

Diweddglo

Nac ofnwn ddiwedd cyfnod, – ein lle ni
yw llawenhau'r diwrnod
a byw am fod Duw yn dod
a'i obaith i'n hymwybod.

2004

NODIADAU

Ysbrydolwyd rhai o'r cerddi gan fywydau unigolion arbennig.

tud.

17 Amserau Duw: Trevor Harris. Diacon annwyl yn Eglwys y Tabernacl, Y Barri. Gŵr dysgedig o'r Rhondda oedd yn ddarlithydd Saesneg ac Athroniaeth yn y coleg yn y dref. Roedd yn eang ei ddiddordebau, wedi dysgu Cymraeg, yn siarad Siapanaeg ac yn gasglwr llyfrau a hen luniau y byddai'n eu hadnewyddu.

21 Capel bach Tŷ-nant: Lyn Owen Rees. Tad Lyn Owen Rees oedd gweinidog olaf y capel bach, ac ychydig amser cyn ei farw, fe drefnodd Lyn ddathliad i sicrhau bod yr adeilad yn dal i gael ei ddefnyddio, er bod y drysau wedi eu cau.

32 Cewri: Owen Edwards. Cefais y fraint o gydweithio gydag Owen wrth sefydlu S4C.

39 Y swper olaf: John Morgan. Newyddiadurwr ac awdur oedd yn un o'r criw a sefydlodd HTV yn 1968. Roedd yn gyfaill da a bu farw'n 58 oed o ganser y genau.

47 Eithr Duw: Y Parchedig Gareth Watts. Fy ngweinidog yn y Tabernacl am ddeunaw mlynedd. Bu'n ddarlithydd wedi hynny yng Ngholeg yr Annibynwyr yn Aberystwyth. Ni chafodd fywyd esmwyth. Yn ei gwrdd sefydlu yn 1974, pregethodd Dr R. Tudur Jones ar y testun 'Eithr Duw' i ddisgrifio oriau olaf y *Titanic*.

50 Wilias: Deryk Williams. Ffrind a chyd-weithiwr yn TWW, BBC Cymru ac S4C. Fe'm holynodd yn Gyfarwyddwr Rhaglenni yno.

58 'Neuadd fawr rhwng cyfyng furiau': Alcwyn Evans. Brawd Gwynfor, pennaeth siop Dan Evans. Dyn a oedd yn fawr ei gymwynas ac yn fawr ei barch yn y dref a'r capel. Daw'r teitl o gerdd Waldo 'Pa Beth yw Dyn?'

62 Y côr: Carys Hall Evans. Cynhyrchydd teledu ac arweinydd naturiol y mamau ifanc yn yr eglwys. Bu farw'n greulon o ifanc. Dechreuodd ei gyrfa ym myd addysg. Roedd hi'n athrawes a oedd yn ysbrydoli ac yn annog ei holl ddisgyblion, sy'n dal i gofio'n annwyl amdani.

66 Oed yr addewid: John Stuart Roberts yn 70 oed. Ffrind a chydweithiwr oedd yn bennaeth teledu yn y BBC pan oeddwn i yn S4C. Wedi ymddeol, canolbwyntiodd ar ysgrifennu llyfrau er bod ei olwg yn pallu.

69 Sedd wag: I gofio Myrddin Phillips, gyrrwr trên ac un o bileri'r achos yn y Tabernacl. Mae adlais o hoff emyn Myrddin a'i ddiweddar wraig Nancy – 'Pan fwyf yn teimlo'n unig lawer awr' gan John Roberts – yn y gerdd.

74 Siachmat: Morien Phillips. Darllenais am ei farw ar y we, beth amser yn ddiweddarach. Bu farw Mam a 'Nhad hefyd yn ystod wythnos yr Eisteddfod Genedlaethol ar ddechrau mis Awst.

76 Seren wib: Elen Rhys, sylfaenydd Cwmni Acen a merch o'r Barri a ddysgodd Gymraeg yn yr ysgol. Roedd ei brwdfrydedd dros ddysgu Cymraeg i oedolion yn heintus.

80 Consierto: Peter Elias Jones. Cyd-weithiwr a ffrind ers dyddiau cynnar TWW a HTV. Mae ei gyfraniad i raglenni plant ac adloniant Cymraeg ar deledu dros ddeugain mlynedd yn anfesuradwy. Roedd yn gerddor wrth anian ac o ran hyfforddiant.

86 Dilyn seren: Carol fuddugol yn y cylchgrawn *Cristion*, rhifyn Gaeaf 2010.

87 Corlan a chwlwm: Y Prifardd Eluned Phillips. Cyfeiriad at destunau'r ddwy bryddest a enillodd iddi ei dwy goron yn yr Eisteddfod Genedlaethol. Treuliodd Jen a minnau oriau difyr yn ei chwmni yn ystod ei blynyddoedd olaf.

GANED EURYN OGWEN WILLIAMS ym
Mhenmachno, Gwynedd. Fe'i haddysgwyd
yn Ysgol Alun, yr Wyddgrug, a Phrifysgol
Cymru, Bangor. Aeth yn syth i fyd darlledu a
gweithiodd yn TWW, Teledu Harlech, y BBC,
HTV ac S4C yn ystod ei yrfa.

Ymgartrefodd Euryn yn Y Barri yn 1971,
ac mae'n Ysgrifennydd Eglwys Annibynnol y
Tabernacl yn y dref. Ef yw golygydd *Y Ddolen*,
papur misol yr eglwys, ers pymtheng mlynedd.
Mae'n enillydd ac yn feirniad yn Adran
Lenyddiaeth yr Eisteddfod Genedlaethol ac yn
awdur cyfrol o farddoniaeth o'r enw *Pelydrau
Pell*.

Mae Euryn yn briod â Jenny Ogwen, ac yn
dad i Sara a Rhodri. Mae'n daid i dri o wyrion –
Soffia, Gabriel Jac a Jodie Rhiannon.